BEI GRIN MACHT SICH IHR WISSEN BEZAHLT

AF151443

- Wir veröffentlichen Ihre Hausarbeit, Bachelor- und Masterarbeit

- Ihr eigenes eBook und Buch - weltweit in allen wichtigen Shops

- Verdienen Sie an jedem Verkauf

Jetzt bei www.GRIN.com hochladen und kostenlos publizieren

GRIN ☺

Bibliografische Information der Deutschen Nationalbibliothek:

Die Deutsche Bibliothek verzeichnet diese Publikation in der Deutschen National-
bibliografie; detaillierte bibliografische Daten sind im Internet über http://dnb.d-
nb.de/ abrufbar.

Impressum:

Copyright © 2014 GRIN Verlag, Open Publishing GmbH
Druck und Bindung: Books on Demand GmbH, Norderstedt Germany
ISBN: 978-3-668-10261-3

Dieses Buch bei GRIN:

http://www.grin.com/de/e-book/311427/grundlagen-der-industriebetriebslehre-
eine-zusammenfassung

Felix Franke

Grundlagen der Industriebetriebslehre. Eine Zusammenfassung

GRIN Verlag

GRIN - Your knowledge has value

Der GRIN Verlag publiziert seit 1998 wissenschaftliche Arbeiten von Studenten, Hochschullehrern und anderen Akademikern als eBook und gedrucktes Buch. Die Verlagswebsite www.grin.com ist die ideale Plattform zur Veröffentlichung von Hausarbeiten, Abschlussarbeiten, wissenschaftlichen Aufsätzen, Dissertationen und Fachbüchern.

Besuchen Sie uns im Internet:

http://www.grin.com/

http://www.facebook.com/grincom

http://www.twitter.com/grin_com

Inhalt

1 Einordnung der Industriebetriebslehre

1.1 Einleitung, Definitionen

Industriebetriebslehre = Lehre über den Aufbau, die Organisation und Leitung von industriellen Unternehmen.

- Industrie
Teil der (Volks-)Wirtschaft, der materielle Güter oder Waren in meist größeren Produktionsanlagen mittels moderner Erzeugungsverfahren & unter weitergehender Arbeitsteilung produziert oder weiterverarbeitet
  - *Merkmale*:
    - Massenproduktion
    - Regelmäßige Produktion
    - Hohe Technologisierungsgrad
    - Häufige Trennung des Produktionsstandortes von Wohnung & Freizeit (→ birgt Schwierigkeiten)
    - Häufige Produktion auf Vorrat auf einen anonymen Absatzmarkt
    - Manchmal Handel (besonders auf Ebene des Großhandels)
    - Mechanisierung
    - Automatisierung
    - Arbeitsteilung
- *Industrialisierung = Entwicklung & Durchsetzung industrieller Produktionsformen*
  - zunächst in England (da viel Textilproduktion) beobachtet, in Anlehnung der französischen Revolution *"Industrielle Revolution"*
  - Bedeutendste gesellschaftliche Entwicklung ab Ende des 18. Jahrhunderts
  - Zunächst Pauperismus (strukturell langfristige Arbeitslosigkeit; Armut) & Ausbeutung → später zunehmender Wohlstand breiter Schichten
  - Grundstein für spätere Konsum-, Bildungs-, Informationsgesellschaft
  - Zuzug in Städte, steigende & sicheres Einkommen, Lösung von sozialen Fragen (Kranken-, Rentenversicherung), Aufbau leistungsfähiger Infrastruktur
  - Europa & USA: von Agrar- → Industriegesellschaft (zuvor nicht existent)
- Industrie / Industrialisierung prägen immer noch: Politik, Technik, Medizin, Soziologie, Rechtswissenschaften, Organisation & Wirtschaftswissenschaften (Spezialgebiete wie Industriebetriebslehre)

1.2 Chronologische Betrachtung
- Mensch als Alleskönner (Jagen, Feuermachen, Kochen, Leben und Gut verteidigen, Krankheiten heilen) → Tauschwirtschaft war wahrscheinlich einziges & vorherrschendes Wirtschaftsprinzip
- Mit zunehmendem Wissen (Alphabetisierung, Buchdruck) → wahrscheinlich erste Ausprägung der Arbeitsteilung (Medizinmann, Priester, Anführer, Bauer, Jäger, Handwerker, (Waffen-) Schmied)

1.2.1 Mittelalter
- Bis 9. Jahrhundert: *Tauschhandel*
- Zunehmender Seehandel (Vorläufer der Globalisierung) → Handel setzte immer mehr auf *Geld* (konnte man aufheben, wurde nicht schlecht; 3 Funktionen des Geldes: misst, tauscht und speichert Werte – „es hält die Zeit fest") → vereinfachte & beflügelte den Handel
- Leistungsangebote meistens von Bauern & Handwerkern erbracht
- Handwerker spezialisierten sich bereits (Tischler, Schneider, Wagner, Küfer, Büchsenmacher, Schuster etc.)
- Große Teile der handwerklichen Wertschöpfung konnten allerdings noch vom Handwerker selbst geleistet werden

1.2.2 Organisation & Struktur
- Entstehung erster *Organisationsformen* (Innungen, Zünfte, Gewerke, Gilden, Gaffeln, Einungen, Kammern, Privilegien.) → reglementiert die Arbeit
  - → schützen Handwerker vor Konkurrenz & ruinösem Wettbewerb
  - → ermöglichen den Erfahrungsaustausch
  - → sichern die Qualität

→ unterstützen die Qualifizierung der nächsten Generationen

→ vertreten die Interessen der Mitglieder - vom Mittelalter bis heute

- Entwicklung *Wertschöpfungsketten* : (Bauer pflanzt &erntet Weizen→ Müller mahlt zu Mehl→vom Fuhrmann transportiert → Bäcker stellt Brot her → Kunde kauft)

in jedem Abschnitt des Entstehungsprozesses erhöht sich Wert durch Einsatz von Arbeit, Kapital & Zeit

- Entstehung handwerklicher *Manufakturen* :

erste industrielle Strukturen (arbeitsteilige Produktion größerer Serien)

Erkennung von: Standortplanung, Arbeitskräfte- und Materialbeschaffung, Kapitalbeschaffung, Produktionssteuerung, Vermarktung

1.2.3 Wissenstransfer, Energie, Handel, Innovationen

- Sammlung & *Wissenschaftstransfer* neuer Technologien durch Buchdruck → *Technologieentwicklung* → besseren Materialien & effizienteren Herstellungsverfahren
- Energieangebot (bisher Mensch/Tier/Wasser/Wind) → Dampfmaschine → Elektrizität
- Bessere Förderung der Rohstoffe (Erze, Kohle) , da auch im Dunkeln gearbeitet werden will (Licht)
- Zunahme Schiffshandel (durch Dampfmaschine)
- Innovationstreiber der Industrialisierung des 18/19 Jahrhunderts: Textilindustrie & Rüstungsbranche in England
- Erste Ausprägungen industriellen Produktionsweise nicht mehr handwerklich→ in Großserien produzierten Waffen (Fertigungspräzision so groß ist, dass Einzelteile nicht mehr angepasst werden müssen, sondern austauschbar sind→ Produktion & Zusammensetzung zum Endprodukt)
- Aufgrund Industrialisierung England gilt als "Werkstatt der Welt"
- Bis Ersten Weltkrieg England wird industriell von Dtl überholt→ USA produzieren doppelt so viel wie Dtl
- Führender Industriezweig Textilindustrie→ Eisenbahnbau→ Schwerindustrie (Kohle und Stahl) →Später Maschinenbau, Elektro-, Chemie- und Erdölindustrie, Auto-, Luftfahrt-, Raumfahrt-, Atom-, Computer- …
- Industrialisierung in Zusammenhang mit Entwicklung von Wissenschaft & Technik (Dampfmaschine → Bergbau / Verkehr; Hochofen → Stahlherstellung)

1.2.4 Gesellschaftliche Entwicklungen

- Mit Industrialisierung → Bevölkerungswachstum → Problem: Ernährung → Lösung: Industrialisierung der Landwirtschaft
- Menschen zogen in Städte → Entstehung Industrieregionen
- Spezialisierte Produktionen, arbeitsteilige Produktionsverfahren & komplexe Wertschöpfungsketten
  → preiswertes Angebot an Gütern
- gestiegene Einkommen → größere, breit gefächerte Nachfrage nach Gütern (gegenseitige Begünstigung)

1.3 Rahmenbedingungen für die Entstehung und Existenz von Industrieunternehmen

- In diesem System sind einige wichtige **Rahmenbedingungen** für Aufbau & Existenz von Industrieunternehmen Voraussetzung, insbesondere die Existenz von:
  o Transport-Infrastruktur (Wege, Straßen, Schienen, Fahrzeuge, Speditionen, Verkehrsbetriebe, Transportkapazitäten),
  o Energie-Infrastrukturen (Preise, Quantitäten und Qualität),
  o Arbeitskräfte: Ausbildungs- und Qualifizierungsmöglichkeiten, Stellenbörsen,
  o Netzwerke von Lieferanten und Unterlieferanten,
  o funktionierende Finanzsysteme,
  o ein belastbares, verlässliches Rechtssystem (Handelsrecht, Arbeits- und Vertragsrecht, Patentrecht etc.),
  o bürgerliche Freiheiten,
  o Vorhandensein geeigneter Technologien,

- o freier Handel (ohne Zölle, Importbeschränkungen, Kontingentierungen, Monopole, Eingriffe in den Markt durch die Politik),
- o eine verlässliche Wirtschaftspolitik (Steuersätze, langfristig planbare gesetzliche Regelungen).
- Weitere Voraussetzung: Existenz von Märkten; Nachfrage & Angebot abgestimmt → Wettbewerb → zwingt Unternehmen zur Produktion
- Ohne intensiven Wettbewerb (in Monopol- oder Oligopolsituationen) z.B. in Volkswirtschaften, die durch Zölle & Handelsbarrieren vor Wettbewerb geschützt sind → Preise sind höher, Qualität der Leistungen niedriger & die Versorgung der Menschen mit Gütern schlechter
- Rahmenbedingungen erfüllt → Entstehung *großer Produktionsstätten* möglich
  - o Müssen geplant & finanziert werden
  - o Beschäftigt sich ganzer *Wissenschaftszweig*, der Rentabilität & Risiken bewertet, Entscheidungshilfen liefert & der die Zukunft prognostizieren muss
  - o extrem aufwendige & teure Projekte (Bsp. Staudamm) von den Endverbrauchern bezahlt werden
- Nach Planung: Bau von *Industrieunternehmen* → Betreibung (2 weitere Phasen mit unterschiedlichen Akteuren)
- Bei Betrieb: Arbeitsteilung & Spezialistentum stark ausgeprägt
  Von Beschaffung bis Kundendienst; Fertigungsleitung &Logistik;...
  → Abläufe können in Prozesse & Unterprozesse aufgeteilt werden →müssen zusammenpassen, dass Produkt marktfähig ist, geplante Stückzahlen abgesetzt werden können & möglichst hohe Gewinne erzielt werden
- Industrie/Industriegesellschaft → nicht geschaffen, installiert, verordnet werden
- Wenn Rahmenbedingungen nicht vorhanden, wird sich keine nachhaltige, wettbewerbsfähige Industrie entwickeln (vgl. in Diktatur, Entwicklungsländern, Agrarländer)

1.4   Begriff der Industriebetriebslehre
- Oberbegriff der Industriebetriebslehre = Wirtschaftswissenschaften, deren Betrachtungsobjekte die Wirtschaft einer Gesellschaft ist, wobei die Beschreibung & Erklärung gesamtwirtschaftlicher zusammenhänge & Prozesse besondere Bedeutung haben
- Teilgebiete Wirtschaftswissenschaften

Volkswirtschaftlehre	Betriebswirtschaftlehre
Kerngebiet: Umgang & wirtschaften mit (knappen) Gütern & Ressourcen; Rolle der Wirtschaftssubjekte Gesamtwirtschaftlich (Makroökonomie) Einzelwirtschaftlich (Mikroökonomie) Versucht Gesetzmäßigkeiten & Zusammenhänge zu erkennen → Handlungsempfehlungen für Wirtschaftspolitik abzuleiten	Aufgabe: wirtschaftliche Handeln, zu beschrieben, erklären & aufgrund erkannten Regel-/ Gesetzmäßigkeiten des Betriebsprozesses wirtschaftliche Verfahren zur Realisierung praktischer & betrieblicher Zielsetzung zu entwickeln Theoretischer- angewandter BWL Allgemeine – spezielle BWL

- Industriebetriebslehre weißt Überschneidungen mit Mikroökonomie auf
- Industriebetriebslehre macht Industrieunternehmen zum Gegenstand ihrer Forschung =SBWL ; Nachfolger von früherer Fabrikbetriebslehre
- Setzt technische & betriebswirtschaftliche (Organisation der Produktion, Verwaltung Buchhaltung) Schwerpunkte
- Da Teil der BWL → zahlreiche Überschneidungen mit anderen wirtschaftswissenschaftlichen Gebieten
- Berührung mit Industriepolitik & Gewerbepolitik als Bestandteil der VWL → Überschneidung = Betrachtungsobjekt Industriebetrieb
- Überschneidungen mit Rechtswissenschaften, Soziologie, Psychologie, Arbeitsmedizin, ...

1.5 Gliederungsmöglichkeiten der BWL

Institutionelle Gliederung	Funktionelle Gliederung	Genetische Gliederung
- Allgemeine BWL - Spezielle BWL - Betriebswirtschaftliche Verfahrenstechnik	- Führung & Organisation - Materialwirtschaft - Produktionswirtschaft - Absatz & Marketing - Kapitalwirtschaft - Personalwirtschaft - Rechnungswesen & Controlling	- Gründungsphase - Umsatzphase - Liquidationsphase

- Faktische Abgrenzung bereitet Schwierigkeiten
- Allgemeine BWL vorwiegend beschäftigt sich vorwiegend mit dem Industriebetrieb als Modell & deren Arten von Wirtschaftsbetrieben tendenziell vernachlässigt

Unterteilung nach Methoden, Funktionen & Branchen		
Betriebswirtschaftliche Verfahrenstechniken (Methodenorientierung)	**Allgemeine BWL (Funktionsorientiert)**	**Spezielle BWL**
- Buchführung & Bilanzierung - Kostenrechnung - Finanzmathematik - Statistik - Netzplantechnik - Operations Research - Büro- & Organisationstechnik - Angewandte Informatik	- Betriebsführung/Management (Planung, Leitung, Organisation, Controlling) - Finanzierung (Kapitalbeschaffung) - Investition (-rechnung, Kapitalverwendung) - Beschaffung, Einkauf - Logistik, Transport, Lagerung - Produktion, Leistungserstellung - Marketing, Vertrieb - Personalwesen	- Industriebetriebslehre - Handelslehre - Bankbetriebslehre - Versicherungsbertriebslehre - Verkehrsbetriebslehre - Fremdverkehr / Tourismus

Industriebetriebslehre	
Funktional	**Institutionell**
- Beschaffungswirtschaft - Produktionswirtschaft - Absatzwirtschaft - Finanzwirtschaft - Organisation - Personalwirtschaft - Rechnungswesen	- Nach Merkmale (Industrietypologie): o BWL des Kuppelbetriebs o BWL des Saisonbetriebs - Nach Industriebranchen (Industriezweige): o BWL der Eisen-Stahl-Industrie o BWL der chemischen Industrie o BWL der elektrotechnischen Industrie

1.6 Das Erkenntnisobjekt Industriebetriebslehre

- Erzeugen von Gütern in Fabriken (Industriebetrieben) unterscheidet industrielle Produktion von handwerklicher, landwirtschaftlicher, ... Produktion
- Industriebetriebe = technische, soziale & wirtschaftliche Einheit, die Sachleistungen in Fabrikform erstellen
- Sachleistung, weitere Abgrenzung von Dienstleistungsbetrieben
- Häufig auch Kooperation zwischen Industrie (Herstellung von Produkten) & Handwerk (deren Installation, Wartung, Reparatur)
- Exakte Abgrenzung ist schwierig (auch im Handwerk Maschinen eingesetzt werden& viele Betriebsabläufe automatisiert werden
- Entscheidung ob handwerklicher oder industrieller Betriebsform: nur nach Gesamtbild aufgrund derzeitigen Entwicklungsstandes & jeweiligen Branchenüberblick beurteilt werden

- Unterscheidung der Rechtsprechung durch folgende Merkmale:
  - *Technische Betriebsausstattung*
    Umfangreicher Maschineneinsatz → industrielle Betriebsweise (da kaum noch Platz für Handwerkliche Arbeit ist)
  - *Arbeitsteilung*
    Meister / Mitarbeiter befasst sich in allen Phasen der Herstellung mit dem Produkt → handwerklicher Betrieb
    Weitergehende Arbeitsteilung →Industriebetrieb
    Wenn keine speziellen Kenntnisse benötigt werden → Industriebetrieb
    Grad der Arbeitsteilung entscheidend
  - *Anforderung an Betriebsinhaber/Überschaubarkeit des Betriebs*
    Persönliche Mitarbeit des Betriebsinhabers → wichtiges Indiz für Handwerksbetrieb
    Inhaberbefähigungsprinzip (Betriebsinhaber hat noch faktischen Überblick & Einwirkungsmöglichkeiten im technischen Betriebsablauf; in der Lage ist fachliche Befähigung auch zur Geltung bringt) → Indiz für Handwerksbetrieb
  - *Fachliche Qualifikation der Mitarbeit*
    Schlüsselpositionen von handwerklichen Fachkräften besetzt → Handwerksbetrieb (=Betrieb muss von Fachkräften geprägt sein)
  - *Betriebsgröße*
    Betriebsinhaber hat ausreichend Kenntnisse der einzelnen Aufträge & Arbeitsvorgänge; Ausreichen Zeit & Möglichkeit für Planung, Anweisung, Überwachung, Kontrolle & Einwirkung im handwerklich-fachlichen Bereich verbleibt → Handwerksbetrieb
    Wichtig Zahl der Beschäftigten, räumliche Ausdehnung der Betriebsstätte, Zahl der Filialen, Arbeits- & Baustellen, Jahresumsatz, investiertes Kapital
  - *Spezialisierung*
    Gilt nur mit Einschränkungen, hängt von Gewerbezweig ab
    Einzelfertigung & Arbeit auf Bestellung → Handwerksbetrieb
    Serienfertigung auf Vorrat, Massenfertigung für anonymen Markt → Industriebetrieb
    → Ein Merkmal alleine kann meist nicht ausreichen, aber es müssen auch nicht alle zutreffen

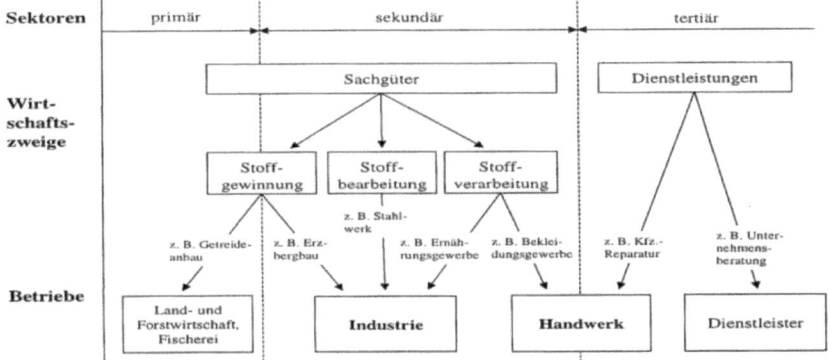

> Arten von Industriebetrieben
  - *Grundstoffindustrie* (Rohstoffgewinnung & -aufbereitung für Verarbeitungsindustrie)
  - *Produktionsgüterindustrie* (Rohstoffe & Halbfabrikate, die in Investitions- & Konsumgüterindustrie weiterverarbeitet werden)

- o *Investitionsgüterindustrie* (Investitionsgüter = Güter, die für möglichst dauerhaften Einsatz im Produktionsprozess bestimmt sind & für Erhaltung & Erweiterung/Rationalisierung des betrieblichen Anlagevermögens eingesetzt werden)
- o *Konsumgüterindustrie* (Konsumgüter0 Güter, die unmittelbar der Befriedigung menschlicher Bedürfnisse dienen)
- Abgrenzung des Handelsunternehmen (Handelsbetrieb) = Unternehmen, welches Produkte auf eigne Rechnung einkauft & diese ohne nennenswerte Be-/Weiterverarbeitung verkauft.
  - o *Großhandel* (gewerbliche Nachfrager, meist Einzelhändler)
  - o *Einzelhandel* (Kunden = private Verbraucher; Endverbraucher)

1.7   Funktionen des Industriebetriebes
- Funktionen des Industriebetriebs, können prozessorientiert aufgeführt werden :
  - o *Beschaffung (Einkauf)*
    - ▪ Disposition, Planung & Verwaltung von Material, Rohstoffen oder Ersatzteilen → trägt zur Termingerechten Fertigstellung von Kundenaufträgen bei
    - ▪ Mit Infos aus Auftragsbearbeitung, Prognosen der Vertriebsabteilung oder vorgegeben Planzahlen (Stückzahlen) werden Beschaffungspläne erstellt
    - ▪ Verbindungen zum Wareneingang & Warenwirtschaftssystem
    - ▪ Bestellosgrößen, durchschnittlicher Bestand, meldestand, Wiederbeschaffungsdauer, Lagerzinsen, ABC-Analyse, Verpackungseinheiten
  - o *Produktion*
    - ▪ Produktionsfunktion: Herstellung von materiellen Gütern
    - ▪ Kern eines Industriebetriebs
    - ▪ Je nach Kapazität & Auftragseingänge werden Güter produziert, die für Kunden bestimmt sind
    - ▪ Fertigung, Montage, Losgrößenbestimmung, Durchlaufzeiten, Maschinenauslastung, direkte & indirekte Kosten; Betriebsdatenerfassung, …
  - o *Absatz*
    - ▪ Nötig um Produzierte Güter & Dienstleistungen dem Kunden zu verkaufen
    - ▪ Absatzlogistik, absatzpolitische Instrumente (Produkt-, Sortiments-, preis-, Distribution-, Kommunikationspolitik), Absatzkette, Absatzleistung, ….
  - o *Vertrieb*
    - ▪ Vermittlungs- & Kontraktfunktion zwischen produzierendem Unternehmen & Kunden
    - ▪ Marktforschung, Sortimentsgestaltung, Absatz-Werbung, Auftragserarbeitung
  - o *Lager & Versandfunktion*
    - ▪ Lagerung von Materialien, Rohstoffen & Fertigwaren; deren Verwaltung
    - ▪ Kommissionierung von Fertigungsaufträgen (losgrößengerechte Bereitstellung & Vorbereitung von Materialien & Rohstoffen für die Fertigung; Stücklistenauflösung, Automatisierungsgrad)
    - ▪ Kommissionierung zum Versand (Bsp. Bestücken von Euro-Paletten entsprechend Kundenaufträge zur Versendung)
    - ▪ Erstellung von Lieferscheinen, Versandpapiere, Zolldokumente
    - ▪ Lagerkosten, Lagerautomatisierung, Lagerzinsen, Just-in-Time, Schwund, Lagerorganisation
  - o *Entwicklungsfunktion*
    - ▪ Forschung, Konstruktion, Produktnormung, Softwareentwicklung, musterbau   → Impulse durch Marktforschung (Wettbewerbsanalyse) oder Kundenbetreuung
    - ▪ Ziel: neue Produkte & Dienstleistungen zu entwickeln, welche zukünftigen Kundenforderung & Kundenwünschen entsprechen
    - ▪ Identifikation & Erprobung neuer(wirtschaftlicher) Technologien für die Produkte & Produktion; Suche nach Lösungen zur Erfüllung zukünftiger Anforderungen von Markt / Gesetzgeber

- Bau von Prototype, Test von Sicherheitsanforderungen, Homologiesierung der Produkte (leichtere Serienfertigung)
- Kosten der Entwicklung werden erst später gedeckt

- o *Entsorgungsfunktion*
  - Lagerung, Trennung, Entsorgung der Abfallstoffe
  - Zahlreiche gesetzliche Vorschriften zu beachten → neue Regelungen → mehr Bedeutung
  - Kooperation mit Pfandsystemen (€-Paletten)
  - Entsorgungskosten fallen erst in späterer Periode an
- o *Rechnungswesen*
  - Internes Rechnungswesen (Kostenrechnung, Statistik, Finanzplanung)
  - Externes Rechnungswesen (Buchhaltung, handelsrechtlicher & steuerrechtlicher Jahresabschluss)
  - Vor- & Nachkalkulation, Controlling & Liquiditätsplanung
- o *Personalwesen*
  - Personalplanung, Personalbeschaffung, Personalführung, Personaleinsatzplanung
  - Auch betriebliche Aus- & Weiterbildung, Mitarbeiterbeurteilungen, Arbeitsschutz
  - Optimales Zusammenpassen von Anforderungsprofil der Stelle & Eignung des Bewerbers
  - Art der Bewerbungssuche, Vertragsgestaltung, Entgeltbestandteile, Betriebsrenten, Arbeitsrecht (=komplexes juristisches Feld)
  - Gleichstellungsaspekte,

1.8 Ziele von Industriebetriebslehre

(1) Formalziele
- Erfolg des unternehmerischen Handels kommt zum Ausdruck
- *Gewinn* & *Rendite* an vorderster Stelle
- o Gewinn = zwingende Voraussetzung für bestehen von Unternehmen in marktwirtschaftlichen Unternehmen

$$Gewinn = Ertrag - Aufwand$$

- *Bilanzgewinn* = Differenz von Erträge & Aufwendungen laut GuV
- *Kalkulatorische Gewinn* = Differenz zwischen Erlöse & Kosten laut Kostenrechnung
- Gewinn, wenn Einnahmen höher als Kosten sind → bei einfacher GuV, dann Einnahmen höher als Betriebsausgaben → bei Bilanzierung erscheint auf Aktivseite ein höherer Betrag als auf Passivseite → EK wird um Gewinnbetrag erhöht (bei Verlust EK vermindert)
- Aus handelsrechtlicher Sicht: Gewinn ist Periodenerfolg
- Präzisiert, ob Gewinn aus normaler Geschäftstätigkeit entstanden oder aus weiter Aktivitäten; berücksichtigt ob Fremdkapitalzinsen, Abschreibungen, Steuern bei Feststellung abgezogen werden
- o Rendite = Verhältnis der Auszahlungen zu den Einzahlungen einer Geld- bzw. Kapitalanlage an
- Wichtige Bezugsgrößen: Gesamt- & EK
- Entscheidend Perspektive des Betrachters (Eigentümer vermutlich eine andere Sicht als Bank)

$$Rendite = \frac{Gewinn}{Kapital} \qquad Rendite_{(Umsatz)} = \frac{Gewinn}{Umsatz}$$

- Kapitalrentabilität ≠ Umsatzrentabilität

$$Rendite_{(Eigenkapital)} = \frac{Gewinn}{EK} \qquad Rendite_{(Gesamtkapital)} = \frac{Gewinn + Fremdkapitalzinsen}{Kapital}$$

○ Produktivität

$$Produktivität = \frac{Output}{Input}$$

○ Wirtschaftlichkeit

$$Wirtschaftlichkeit = \frac{bewerteter\ Output}{bewerteter\ Input} = \frac{Erlöse}{Kosten} = \frac{Erträge}{Aufwendungen}$$

- **Absolute Wirtschaftlichkeit:** für bestimmte Handlung ermittelt Beziehung zwischen Handlungsergebnis & dem dafür erforderlich Mitteleinsatz; der Wert des Handlungsergebnisses & des Mitteleinsatzes wird durch die jeweils relevanten Ziele festgelegt & in einem erwerbswirtschaftlichen Unternehmen anhand Erträge & Aufwendungen oder Erlöse & Kosten gemessen; Investitionsprojekt dann absolut wirtschaftlich wenn sein Kapitalwert größer null ist
- **Relative Wirtschaftlichkeit:** Vergleich mit der absoluten Wirtschaftlichkeit einer anderen Vorgehensweise; Projekt A dann relativ wirtschaftlich, gegenüber B, wenn sein Kapitalwert größer ist (egal ob 0 oder größer)
- Stellt wertmäßige Erfassung dar (gegenüber Produktivität)
- Keine Bezugnahme auf eingesetztes Kapital (gegenüber Rentabilität)
- Ziele sollen hinsichtlich Inhalt, Ausmaß & Zeitbezug messbar sein

(2) Sachziele
- Diejenigen betrieblichen Ziele, die sich durch konkrete Ausübung der einzelnen Funktionen einer Unternehmung innerhalb des finanz- & güterwirtschaftlichen Umsatzprozesses verwirklichen lassen
- Festlegung & Erreichung der Sachziele führt zur Erfüllung der Formalziele
- _Leistungsziele:_ betrieblicher Leistungsprozess & Absatzseite (Umsatzvolumen, Marktanteil, Art der Produkte,…)
- _Soziale & ökologische Ziele_: Bezug auf gesellschaftliche & wirtschaftliche Rahmen /persönliche Einstellung der Führungskräfte (Arbeitsklima, Lohngerechtigkeit, Mitbestimmung, Umweltschutz, Gesundheitsschutz)
- _Führungs- & Organisationsziele_: Bezug auf die Organisationsstruktur eines Unternehmens, die Aufgabenteilung, die anzuwendenden Führungsstile oder die Art & Weise der Problemlösung
- _Ziele finanzieller Art_: Ziele, welche Liquidität & die optimale Kapitalstruktur fördern

1.9 Industrieprodukte & Industrieleistungen
- Güter dienen der Bedürfnisbefriedigung

Öffentliche (freie) Güter	Knappe Güter

- Sachgüter & Dienstleistungen haben Preis, der von Endverbraucher (Kunden) getragen wird → Anbieter erzielt erlöse
- Selbstkosten & Herstellkosten (mit Vertrieb & Verwaltungskosten)
- Industrielle Herstellung aufgrund von niedrigen Kosten & hoher Qualität überlegen

1.9.1 Geschäftsidee neue Produkte
- Idee ist nicht ausreichend um Produkt auf den Markt zu bringen → Idee muss konkretisiert werden → Protoypen → Beachtung der Gesetzte, Sicherheit, Umweltaspekt, …
- Produkttechnische & produktionstechnische (wie soll es hergestellt werden, woher kommen Bauteile, … ?) Überlegungen
- Ökonomische Fragen : Absatzzahlen, Preis, Startkapital, …?
- Kaum eine Frage kann exakt beantwortet werden, da Zukunft nicht genau vorhergesagt werden kann → Risiko
- Banken (für Kapital) werden Business Plan verlangen

1.9.2 Geschäftsidee existierender Produkte
- Beachtung Lebenszyklen
- Durch Veränderung Kundenbedürfnisse → Schrumpfung des Gewinns → Nachfolgeprodukte, Produktionsverbesserungen, …

1.9.3 Produktentwicklung
- Kostengünstige Herstellung, optimale Finanzierung, Kostenkontrolle, richtige Verträge, Vermarktung, …
- Kostengünstig nur, wer seine Kosten kennt und diese Kostenverursachern zuordnen kann → Kostenarten, Kostenstellen, Kostenträger
- Korrekte Kalkulation
- Statische oder dynamische Betrachtung der Kosten
- Subjektiver Nutzen
- Kundendienst für Kundentreue
- Zukünftige Entwicklungen können nicht genau vorhergesagt werden
- Bei einzigartigen Produkten zunächst hohe Gewinne

2   Erweiterte Schwerpunktthemen der Industriebetriebslehre

2.1   Rechnungswesen
- Umfasst systematische Erfassung, Überwachung & Zusammenfassung der durch den betrieblichen Leistungsprozesses entstehenden Gels- & Leistungsstörmen
- Stellt modellhafte Abbildung des Unternehmens dar
- Liefert Unternehmen die Daten, die zur Steuerung & Planung des Unternehmens notwendig sind (internes Rechnungswesen)
- Geld- & Güterströme werden dokumentiert, um gegenüber Außenstehenden Rechenschaft ablegen zu können (externes Rechnungswesen) ; Bsp. Finanzamt, Anteilseigner,...
- Besteht aus Buchführung, Bilanzierung, Kostenrechnung, Vor- & Nachkalkulation, Controlling, Liquiditätsplanung

2.1.1   Doppelte Buchführung („Doppik")
- Bereits im 13. Jahrhundert von venezianischen Kaufleuten verwendet,, erstmals 1494 in Schrift erläutert
- Vorher getrennte Erfassungen der Daten eines Unternehmens (Einzelne Bücher) → Jede Erfassung bildet nur einen Ausschnitt der wirtschaftlichen Realität ab, schwierig die Geschäfte zu optimieren
- Integration zu einem System = großer Fortschritt → noch heute im Prinzip unverändert (fast überall im Einsatz; Ausnahme: öffentliche Haushalte; Privatpersonen)
- Jeder Geschäftsvorgang wird zweimal notiert (immer ein Aktiv & ein Passivkonto betroffen)
- Zweimalige Messung des Gewinns: Ertrag – Aufwendungen / Veränderung des EK
- Bilanz = Grundgerüst der Buchführung
- Buchführung = in Zahlenwerte vorgenommene planmäßige, lückenlose, zeitliche & sachlich geordnete Aufzeichnung alles Geschäftsvorgänge in einer Unternehmung aufgrund von Belegen
- Wichtige Informationsquelle

2.1.2   Internes Rechnungswesen (Management Accounting)
- Beschäftigt sich mit Planung, Kontrolle & Koordination der Unternehmensprozesse zur Maximierung bzw. Optimierung des Unternehmenserfolgs
- Infos sind sachliche Basis der Managemententscheidung
- Mit Hilfe von KoLei & Investitionsrechnung analysiert
- Moderne Controllingkonzepte bauen darauf auf
- Nicht an externen Auflagen gebunden (steuerrechtlich, Veröffentlichungen)
- Zusätzlich: kalkulatorische Kosten (kalkulatorische Zinsen, Abschreibung, Unternehmerlohn,...)
- Zukunftsorientiert

2.1.3   Externes Rechnungswesen (Financial Accounting)
- Bildet finanzielle Situation des Unternehmens nach außen ab (Finanzbuchhaltung)
- Darstellung des Vermögens-, Finanz- & Ertragslage des Unternehmens gegliedert in Bilanz & GuV

2.1.4   Bilanz
- Aufstellung Der Mittelherkunft & Mittelverwendung
- Gegenüberstellung von Vermögen (Aktiva) & Schulden (Passiva) in Kontenform
- Bilanzsumme
- Passiva: EK & FK
- Auf bestimmten Zeitpunkt erstellt
- Erfüllt Dokumentations-, Gewinnermittlungs- & Informationsfunktion (Selbstinformation & Drittinformation)
- Existieren Vorschriften (GoB)
- IFRS (international)

2.1.5 Gewinn- und Verlustrechnung
- Wesentlicher Teil des Jahresabschlusses
- Bezieht sich auf bestimmten Zeitraum
- Gegenüberstellung Erträge & Aufwendungen
- Weist Art, Höhe & Quelle des unternehmerischen Erfolgs aus

2.1.6 Kennzahlen
- Ermöglichen Vergleich zwischen Unternehmen für Interessengruppen
- Benchmarking = branchenübergreifend werden erfolgreichen Vorgehensweisen (best practices) von Unternehmen untersucht, die besonders gute Ausprägungen bestimmter Kennzahlen erreichen

2.2 Investitionsrechnung
- Bezeichnet Verfahren, die Beurteilung der quantifizierbaren Aspekte einer Investition ermöglichen
- Finanziellen Auswirkungen einer Investition werden berechnet, darauf Aufbauend Entscheidungen vorzubereiten
- Grundlage für Investitionsentscheidungen
- Für Vorauswahl & Nachprüfung von Investitionen wichtig

2.3 Bedarfsermittlung
- Bestimmt welche Stoffe & Materialien von der Produktion für Leistungserstellung benötigt werden, in welcher Qualität, in welcher Menge, zu welchen Kosten & Konditionen
- Angaben werden für späteren, möglichst kostengünstigen Einkauf benötigt
- Umfassen auf Lager-, Zins- & Logistikkosten
- „total cost of ownership"
- Stützt sich intensiv auf Statistik & Prognoseverfahren

2.4 Logistik
- Aufgabe: richtige Menge der richtigen Objekte am richtigen Ort & zum richtigen Zeitpunkt, in der richtigen Qualität & zu den richtigen Kosten zur Verfügung zu stellen
- Logistik = richtige Querschnittsfunktion über die Bereiche Beschaffung, betrieblicher Leistungserstellung & Absatz
- Teilbereiche: Beschaffungslogistik, Produktionslogistik, Distributionslogistik, Entsorgungslogistik
- Lagerlogistik, Transportlogistik, Informationslogistik, Ersatzlogistik

2.5 Optimierung
- Junges Teilgebiet der Wirtschaftsmathematik
- Aufstellung von Zielfunktionen & Maximierung der Ziele
- In Operations Research zusammengefasst
- Bsp für Optimierungsnotwendigkeit: Preisabsatzfunktion der Preistheorie (Nachfragefunktion)
- Weitere Einflussfaktoren Wettbewerb, Kosten,…

3 Produktion im Industriebetrieb

- Produktion → Produkte -
  zentraler Bereich der
  Industriebetriebslehre

Input (Produktionsfaktoren)	➡	**Transformation** (Produktionsprozess)	➡	**Output** (Güter)

3.1 Begriff der Produktion

- Produktion = Erzeugung von Gütern & Dienstleistungen durch Kombination von Produktionsfaktoren
- Produktion: als Input-Output-Modell dargestellt werden
- Bei industriellen Produktion → Bezug auf materielle Güter
- Produktlebenszyklus wird durchlaufen
  - Aufgaben:
    - Auswahl von Produkten / Produktpalette nach Absatzchancen
    - Produkteigenschaften & -bestandteile ermitteln (Stücklisten)
    - Kosten der Produktion ermitteln
    - Gegenüberstellung IST- SOLL-Kosten
    - Qualitätskontrolle
    - Durchführung Produktion

3.2 Fertigungsverfahren & Fertigungstypen
3.2.1 Fertigungsverfahren

Fließfertigung	Werkstattfertigung	Gruppenfertigung
- Aufstellung Betriebsmittel in Anlehnung an Produktionsablauf. - Aufteilung Produktionsprozesse in Arbeitsschritte (Taktzeit) - Jedem Produkt/Produktgruppe ist eigene Fertigungsstraße mit den erforderlichen Stationen in produktionsgünstiger Reihenfolge zugeordnet - *Fließbandfertigung* (Transport Gutes über Fließband/ fahrerlose Transporteinrichtung) - *Transferstraßenfertigung* (Transport, Bearbeitung & Kontrolle erfolgen automatisch) - <u>Reihenfertigung</u> (Stationen sind räumlich, aber nicht zeitlich angeordnet; kein Arbeitstakt)	- Verrichtungen gleicher Art & Funktion werden zusammengefasst & die dazugehörigen Maschinen an einem abgegrenzten Ort aufgestellt	- Nach Werkstattprinzip gefertigt & innerhalb der Gruppen Fließfertigung vorherrschend ist
Vorteile - Geringe Durchlaufzeit - Kurze Zwischenlagerung - Geringe Lagerhaltungskosten /Zinskosten - Hohe Produktivität Mitarbeiter - Geringe Transportkosten - Gute Überschaubarkeit	*Vorteile* - Flexibilität bei Festlegung des Leistungserstellungsprogrammes - Produkte sind herstellbar, die von üblichem Leistungsprogramm abweichen - Bei rückgängiger Beschäftigung ist Verbesserung der Kapazitätsauslastung erzielbar - In Krisenzeiten ist Herstellung von Kompensationsprodukten leichter	*Vorteile* - Reduktion Transportwege → geringeren innerbetrieblichen Transportkosten - Reduzierung Lagerkosten (geringere Zwischenbestände) - Produktionsprozess überschaubarer → besser organisier- & rationalisierbarer - Motivation Mitarbeiter höher - Bei richtiger Einführung Organisationstypen wirken Elemente der Selbststeuerung

Nachteile	Nachteile	Nachteile
- Hoher Kapitalbedarf - Empfindlich von Beschäftigungsschwankungen - Hohe psychische & physische Belastung der Mitarbeiter	- Häufig lange Transportwege/-zeiten - Materialfluss schwer lenkbar- & optimierbar - Übersicht & Kontrolle des Leistungsprozesses schwer möglich - Längere Liegezeiten in Puffern von Bearbeitungsmaschinen	- Verringert Anpassungsfähigkeit (noch flexibler als Fließfertigung) - Erfordert neuen Mitarbeitertyp „Generalist", nicht spezialisiert - Höherer Aufwand bei Kommissionierung - Längere Einarbeitungszeiten

3.2.2 Fertigungstypen

- Orientieren sich hauptsächlich an Menge von jeweiligen Herstellprozess zu produzierenden Erzeugnissen:
  - o *Einzelfertigung*
    Herstellung einer einzelnen Mengeneinheit
  - o *Sortenfertigung*
    Herstellung verwandter Produkte aus gleichen oder ähnlichen Grundstoffen (Zigarettensorten, Biersorten)
  - o *Serienfertigung*
    Herstellung einer größeren Menge gleicher Erzeugnisse
  - o *Partiefertigung*
    Sonderform Serienfertigung; begrenzte Einsatzmenge Werkstoffs wird bearbeitet, die geschlossene qualitätsmäßige Einheit darstellt (bestimmtes Holz, Tee,...)
  - o *Chargenfertigung*
    Herstellung größeren Erzeugnismenge, begrenzt durch das Fassungsvermögen eines Betriebsmittel (Weinfass, Hochofen,..)
  - o *Massenfertigung*
    Herstellung einer großen Stückzahl einheitlicher Produkte

3.2.3 Produkte

- Können nach unterschiedlichen Merkmalen typisiert werden
- Beschaffungs- & Produktionsabläufe werden nachhaltig durch die Art der Güter bestimmt
- Gestalt der Produkte hat Einfluss auf innerbetrieblichen Transport & die dabei eingesetzten Transportmittel
- Geplante Stückzahl hat großen Einfluss auf Wahl des Fertigungsverfahrens

Merkmale von Elementartypen	Merkmalsausprägungen von Elementartypen		
Güterart	Materielle Produkte	Immaterielle Produkte	
Beweglichkeit der Produkte	Mobilien	Immobilien	
Verwendungszweck der Produkte	Investitionsgüterproduktion	Konsumgüterproduktion	
Zusammensetzung der Produkte	Einteilige Produkte	Mehrteilige Produkte	
Spezifizierungsgrad der Produkte	Individuelle Produkte	Standardisierte Produkte	
Absatzstruktur	Auftrags- / Bestellproduktion	Vorrats- / Marktproduktion	
Zahl der Produktarten	Einproduktproduktion	Mehrproduktproduktion	
Gestalt der Produkte	Ungeformte Fließgüter	Geformte Fließgüter	Stückgüter

- Entstehung von Ausschuss (bei geringer Qualität→ nachgearbeitet, 2.Wahl oder Entsorgung) & Abfall (Recycling oder Entsorgung)
- „Kuppelprodukte" = bei Produktion entsteht anderes Produkt zwangsläufig mit

3.3 Produktionsplanung & - steuerung
- Produkt ist entwickelt, als Prototyp getestet & benötigten Teile sind fertigungstechnisch & montagegerecht konstruiert
- Zukaufteile sollen nach Plan von geeigneten Lieferanten bezogen werden (Muster geprüft & abgenommen)

3.3.1 Arbeits- bzw. Fertigungsplan
- Im Rahmen der Produktionsplanung erstellt
- Arbeitsschritte & Reihenfolge festgelegt für die Herstellung der Teile, Baugruppen und Fertigerzeugnisse
- Alle Tätigkeiten aufgeführt einschließlich der Rüstzeit, Stückzeiten & weiterer Angaben
- Arbeitsplan & Stückliste = gegenseitig ergänzende Dokumente
- Stückzeiten (Arbeitszeit je Einheit) = Grundzeit + Verteilzeit + Erholungszeit
- Für Vorkalkulation & Kapazitätsplanung sind Stückzeiten so präzise wie möglich vorherzusagen
- Infos für späteren Zeitpunkt wichtig, um Bestimmung von Akkordzeiten & zur Vermeidung von Arbeitsintensitäten, die den Mitarbeiter überfordern
- im Voraus ermittelt bzw. vorherbestimmt werden:
    o Durch Experten → Vergleichen, Schätzungen, Beobachtungen (bekannte Methode Refa-Zeitaufnahme)
    o Durch Verwendung eines Systems vorbestimmte Zeiten → Arbeitsabläufe werden in Einzelkomponenten zerlegt (bekannte Methode MTM = Methods-Time-Measurement)
- Verschiedenen Arbeitsplätze sollten möglichst gleiche Bearbeitungsdauer haben

3.3.2 Produktionsprogrammplan (lang- mittel-, kurzfristig)
- Langfristig: Märkte, Marktanteile, Produktprogramme werden betrachtet & eine Entscheidung getroffen, welche Produkte in welchen Märkten verkauft werden
- Mittelfristig: (Jahresplanung, Quartalsplanung) Produktionsprogramm der nächsten Periode wird festgestellt
- Kurzfristig: Menge der vorher spezifizierten Produkte bestimmt
- Bezeichnungen & Fristen unterscheiden sich von Unternehmen zu Unternehmen

3.3.3 Materialbedarfsplan
- Anhand kurzfristen Produktionsprogrammplans & Stücklistenauflösung wird Materialbedarf festgestellt
- Bestände werden abgeglichen
- Vorlaufzeit ist zu berücksichtigen

3.3.4 Produktionsprozessplan
- Festlegung Losgrößen (= Optimierungsproblem zwischen zu hohen Rüstungskosten & Lagerkosten)
- Terminplanung findet statt
- Reihenfolgenplanung (damit keine Engpasssituationen)

3.3.5 Steuerungskonzepte
- Unterstützung durch Softwareprogramme
    o Aufträge gehen von Steuerung in Produktion (um Aufträge überwachen zu können müssen auch Infos aus Produktion zur Produktionssteuerung zurückfließen)
    o Hochkomplexes Produktionssystem wird für Störungen umso anfälliger, desto detaillierter & determinierter die Planung ist

4 Kostenstruktur im Industriebetrieb

- Kenntnis Kostenverläufe in Abhängigkeit vom Beschäftigungsgrad wichtig um Ziel der Rentabilität gerecht zu werden
- Beschäftigungsgrad (KLR) = Umfang der genutzten Kapazität → genutzten Leistungsfähigkeit eines Bereichs (typisch Kostenstelle)
  → Produktionseinheit als Bezugsgröße → Beschäftigung = pro Periode produzierte Menge eines Produkts
- Entwicklung der Kosten in Kostenfunktion dargestellt → Kosten in Abhängigkeit zu einer Änderung der Produktionsmenge ermittelt
- Produktionsmengenunabhängiger Term = Fixkosten
- Mengen- bzw. beschäftigungsgradabhängiger Term = variable Kosten
- Bei Änderung Beschäftigungssituation → Änderung Gesamtkosten → Kosten reagieren unterschiedlich auf Veränderung = *Reagibilitätsgrad* (R)

$$Reagibilitätsgrad = \frac{prozentuale\ Kostenänderung}{prozentuale\ Beschäftigungsänderung}$$

- *Variable Kosten* = Beschäftigung übt direkt Einfluss auf Kosten aus

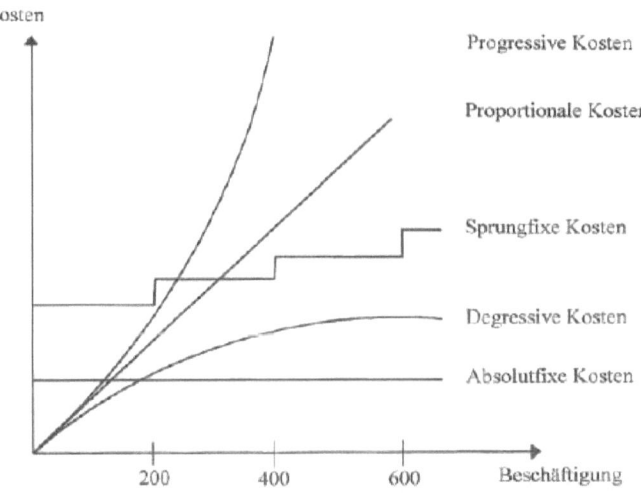

R=0	Fixe Kosten
0<R<1	Degressive Kosten
R=1	Proportionale Kosten
R>1	Progressive Kosten

- *Gesamtkosten* =Aggregation aller Kostenkurven → jede Kostenart anderer Verlauf → komplexe Gesamtkostenkurve
- *Stückkosten* = auf Mengen- oder Volumeneinheiten bezogene Kosten

$$k_x = \frac{K(x)}{x} \qquad K(x) = K_f + K_v(x)$$

→variable Stückkosten & fixe Stückkosten
- *Fixe Stückkosten* = die auf eine einzelne Ausbringungseinheit entfallenden, nicht durch Gesamtmenge beeinflussten Kosten
  (je mehr produziert, desto geringer fixe Stückkosten → Fixkostendegressionseffekt)
- *Variable Stückkosten* = die auf eine Ausbringungseinheit entfallenden variablen Kosten (unabhängig von gesamt produzierter Menge)

$$K_{f(x)} = \frac{K_f}{x} \qquad K_{v(x)} = \frac{K_v}{x}$$

17

- *Grenzkosten* = Kosten die für weitere Produktionseinheit anfallen (Ableitung der Kostenfunktion); ergeben sich aus Kostendifferenz zu Mengendifferenz

$$K' = \frac{dK}{dm}$$

- *Leerkosten* = entstehen, wenn Beschäftigungsgrad=0 ; nehmen durch höhere Auslastung ab
- *Nutzkosten* = nehmen durch höhere Auslastung zu

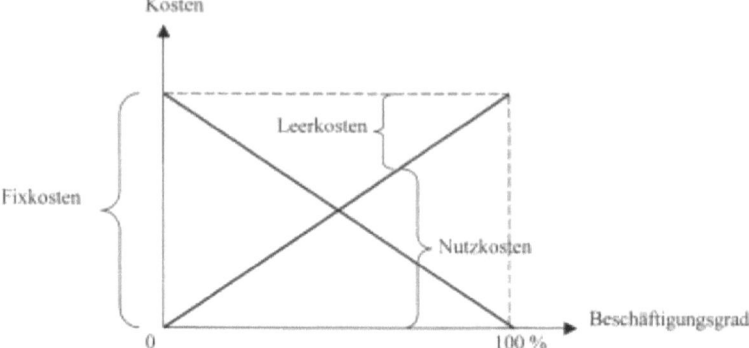

4.1 Typische Kostenstruktur der Industrie
- Mechanisierungs- & Automatisierungsgrad hat Auswirkung auf Kostenstruktur
  → setzten hohe Investitionen in Anlagen voraus → Massenproduktion, ermöglicht Arbeit von Maschinen anstatt von Menschen durchführen zu lassen
- Industrie hat hohen Anteil an Fixkosten (Investitionen in Fertigung)& geringe variable Kosten (Material, Energie, geringer Lohanteil)
- In handwerklichen Betrieben Automatisierung oft wenig sinnvoll, wegen Entwicklungs-, Anpassungs-, Einrichtungs- & Rüstungskosten → typisch: hohe variable Kosten; niedrige fixe Kosten
- Break-Even-Point = Stückzahl bei der Umsatz Kosten deckt
- BEP bei industriellen Produktionsverfahren wird später erreicht, als bei handwerklichen Betrieben mit geringen Stückzahlen
- Steigung Gesamtkosten bei industrieller Fertigung flacher → Gewinnzuwachs nach BEP höher
- Umsatz / Mitarbeiter bei industrieller Fertigung höher
- Grenzen zwischen Produktionsformen sind unscharf (Einsetzung Bearbeitungszentrum = Maschine die verschiedene Bearbeitungsvorgänge durchführen kann → geringe Umrüstungskosten)
- Kennzahlen Handelsunternehmen fallen anders als im Vergleich zu Industrieunternehmen (hoher Wareneinsatz, geringer Energieverbrauch)
  → wesentliche Anteile (in Industrie) der Wertschöpfung nicht selbst zu Produzieren, sonder einzukaufen
- Make or buy

4.2 Ansätze der Kostenkontrolle in der Industrie
- Unterscheidung Produktionsanlagen:

Fertigung	Montage
Einzelteile/einfache Baugruppen werden hergestellt	Einzelteile (Eigen oder Fremdfertigung) gehen in Endprodukt ein
Schweißen, lackieren, stanzen, gießen, …	Auf Wunsch Kundenaufträge oder Verkaufsprognosen, für anonyme Kunden

- Keine auftragsbezogene Fertigung → „forecasting" um Rüstungskosten niedrig zu halten & später Durchlaufzeit der Kundenaufträge in Montage kurz zu halten

- Fertigung- & Montagesteuerung (Produktionssteuerung) → Werkzeug um pünktlich ausreichende Anzahl Teile zu fertigen & damit termingerecht montiert werden kann (besonders wichtig bei auftragsgebundener Produktion) bei der Kunde auf Bestellung wartet
- Wegen Lagerkosten → Lagermenge gering halten (verzichten)
- Just-in-Time-Belieferung → benötigten Materialien werden so an Arbeitsplatz geliefert, dass sie direkt verarbeitet werden
- Wenn Produkt verkaufsfertig bezogen → Fremdfertigung
- Sinnvoll für Maschinenbauunternehmen Schrauben Fremd zu beziehen → Voraussetzung: Existenz von Lieferanten
- Entwicklung von Komponentenlieferanten zu Systemlieferanten (liefern ganze Systeme)
- „Rückbesinnung auf Kernkompetenz"

4.3   Ansätze der Gewinnerzielung, -steigerung, & -sicherung
4.3.1   Umsatz
- Absatzmenge*Stückpreis
- Soll alles Kosten decken und noch Gewinn erzielen
- Gewinn = Umsatz-Kosten
- Gewinnsteigerung durch höheren Umsatz oder geringere Kosten
- Von Preis-Absatz Funktion abhängig (Nachfragefunktion) → ggf. Sättigungsmenge erreicht oder Prohibitivpreis

4.3.2   Qualität
- Güter hoher Qualität zu niedrigen Kosten = Dauerauftrag der herstellenden Industrieunternehmen
- Hohe Qualität ist umfassende Erwartung der Kunden → subjektiv & irrationale Aspekte
- Kunde zahlt nur für das was er will
- „Kunden" gibt es nicht, sondern große Menge von Individuen, ggf. Unterteilung in Zielgruppen
- *Qualitätssicherung (QS) & Qualitätsmanagement (QM)* haben Aufgabe ausschließliche Produktion von Gutteilen zu gewährleisten
- Ausschussproduktion ist negativ ergebniswirksam → Verkauf qualitativ schlechter Ware = teuer & belastet Ergebnis (Garantie, Rückrufaktionen, Folgeschaden,...);Imageschäden, sinkende Börsenkurse, verteuern Aufnahme Fremdkapital
- Endkontrolle, prozessbegleitende Prüfung (um Fehler bei Entstehung zu erkennen)
- Optimierungsproblem: unzureichende/fehlende Qualitätssicherung genau so schädlich wie zu aufwendige
- *Qualitätsmanagementnormen EN ISO 9000* = beschreiben, welche Anforderungen Managementsystem genügen muss → produktunabhängig, haben keinen eigenen Rechtscharakter → dienen internen Info →Nachweis erfolgt auf freiwillige Basis durch zeitlich begrenztes Zertifikat → 3 Themenkreise: Marktstrategie, Zukunftssicherung, rechtliche Aspekte
- *EN ISO 14000* = auf Umweltaspekte des Unternehmens & Produktion fokussiert

4.3.3   Kosten & Produktlebenszyklus
- Streben nach niedrigen Kosten betrifft alle Bereiche des Produktlebenszyklus
- Häufig Chancen der Kostensenkung am Anfang unterbewertet
- Je konkreter & marktreifer Produkt → desto weniger Spielraum für Kostensenkung
- Am schwierigsten für bereits im Markt eingeführte Produkte (nur marginale Verbesserungs-/ Kostensenkungspotenziale) → oft erst durch Nachfolgeprodukte erschlossen
- Kosten schon in Entwicklung niedrig zu halten
- Oft von Vorgängerprodukt oder Wettbewerbsprodukt gelernt werden

4.3.4 Wertanalyse

- Unterstütz Kostensenkungsbemühungen & bietet einige Vorteile gegenüber einfachen Verbilligung von Leistungsbestandteilen
- Einzelnen Funktionen des Produkts werden identifiziert → werden monetär bewertet → in Summe ergibt sich Preis des Produkts
- Versuch Kosten von Funktionen zu senken (Bsp. Durch technische Änderungen)
- Vorteil: Qualität ist weniger gefährdet

4.3.5 Materialeinkauf

- im Einkauf liegt der Gewinn
- Kosteneinsparungen im Einkauf wirken sich unmittelbar auf Gewinn aus
- Kosteneinsparung durch e-procurement, global sourcing, Ausschreibungen Materialberf, Bündelung der Bedarfe in Konzernen
- Single-sourcing = ein Lieferant, wegen großer Menge günstige Preise
- Multiple sourcing = zwei oder mehr Lieferanten → Risikostreuung

4.3.6 Materialwirtschaft

- ABC-Analysen
  - o A= teuer; 80% des Einkaufsvolumens; 5% der Lagerpositionen; auftragsbezogene Beschaffung
  - o B= 15% des Einkaufswertes; 15% der Lagerpositionen
  - o C=billig; 5% des Einkaufsvolumens; 80% der Positionen oder Menge
- Material kann nicht erst beschafft werden, wenn es benötigt wird → untersch. Wiederbeschaffungszeiten →Bedarf muss prognostiziert werden
- XYZ-Analyse
  - o Höchste Schwierigkeitsstufe Materialen zu beschaffen haben teure Materialien, deren verrauch/bedarf stark schwankt
  - o Einfach sind wenig werthaltige Materialien, durch stetigen Verbrauch leicht zu managen
  - o Meldebestand, Sicherheitsbestand, Kapitalbindung, Lagerkosten

4.3.7 Just in Time

- Eingekauften Vorprodukte werden zeitgenau vom Lieferanten an Montageband geliefert
- Kein Transport ins Lager → keine Einlagerung & Entnahme
- Nachteil: hohe präzise Steuerungsaufwand; Risiko Produktionsausfall
- Just in Sequenz: Lieferant muss Montagepläne kennen

4.3.8 Produktionssteuerung

- Verkaufsfähigen Produkte sollen zu bestimmten Zeitpunkt fertiggestellt, geprüft & verpackt sein
- Montage muss geplant werden
- Anhand Durchlaufzeiten, Stücklistenauflösung, Wiederbeschaffungszeit → möglichst genaue Termine für Materialbeschaffung, Teilfertigung & Produktmontage bestimmt
- Hohe Steuerungskosten
- *Kanban*: von Arbeitsstelle, bei der Material zu neige geht, wird mit Kartensystem angefordert; gilt pull-Prinzip (Bedarf löst Materialbewegung aus)
- Push-Prinzip (Aufträge werden zur Abarbeitung in Fertigung gegeben)
- *Losgröße:* weiteres Optimierungsproblem, welche Teile auf Vorrat produziert werden; kleine Losgrößen → häufiges Umrüsten; große Losgrößen → großer Vorrat; Problem von Wartezeiten falls unterschiedliche Losgrößen → Sicherheitsbestände
- Produktionssteuerung wird immer komplexer
- *Kapazitätsplanung:* vorhandene Engpasskapazitäten werden so verteilt, dass Endtermine eingehalten werden → Vorverlegung von Aufträgen → EDV gestützte Verfahren im Einsatz

4.3.9 Modellpolitik
- Nicht zu sehr Versteifung auf Optimierung Produktlebenszyklus
- Nachfolgeprodukte zu entwerfen, testen, Produktion zu planen ➔ Berücksichtigung Vorlaufzeit
- Abrundung Produktpalette nach oben & unten
- Kundenbedarfe ändern sich
- Gefahr zu große Palette ➔ hoher Aufwand

4.3.10 Vertrieb
- Verbindet Herstellkosten und Umsatz
- Industrieunternehmen ➔ Großhändler➔ Einzelhändler ➔ Endverbraucher
- Kette darf nicht zu viel Kosten
- Groß- & Einzelhändler streben kleine Lager und lange Zahlungsziele an, kein Kundendienst, Garantie, Betreuungsaufwand
- Im Käufermarkt muss nachfrage stimuliert werden mit Marketing & Werbung
- Rahmenbedingungen der Wirtschaft verändern sich ➔ Einzelhändler durch Online-Händler in Frage gestellt
- Interessenverlagerung, alte Produkte werden von neuen verdrängt, Produktgruppen sterben aus, globale Vermarktung

4.3.11 Preise
- Verkäufer & Käufer verhandeln auf gleicher Höhe
- Preis wird von Käufer wird durch subjektives Nutzenempfinden verglichen
- Preise übermitteln Qualitätssignale, Statusempfindungen, weitere Infos
- Absatz & Umsatz können über Preis gesteuert werden
- Preispolitik durch untersch. Vertriebsstrategien prägen (niedrige Preise➔ kaum Wettbewerb)
- *Kostenpreis des Produkts:* Vollkostenansatz; Kosten die mindestens vom Preis gedeckt werden sollen
- *Marktpreis:* Straßenpreis
- Bewusst Produkt unter Selbstkosten an zu bieten um Verlust über Quersubventionen tragbar zu machen

5 Konstitutive Entscheidung des Industriebetriebs

- Für Leitung & Steuerung → treffen von Entscheidungen
- Konstitutive Entscheidungen wirken sehr langfristig → starker strategischen Charakter
  - o Entscheidung über: Rechtsform
    - Standort
    - Unternehmenskooperation
    - Auflösung des Unternehmens
- Entscheidungsfelder betreffen alle Betriebe → Allgemeine BWL

5.1 Wahl der Rechtsform

- Grundlegende konstitutive unternehmerische Entscheidung
- Relevante Merkmale:
  - o Haftungsfrage, Leistungsbefugnisse, Ausstattung mit finanziellen Mittel, Gewinn- / Verlustbeteiligung, Beteiligungsverhältnisse, steuerliche Behandlung, Vorschriften über Jahresabschluss, Aufwendung für Gründung & Kapitalausstattung
- Rechtform legt Rechtsbeziehung fest, können nach innen & außen wirken
- Geregelt in: HGB, BGB, GmbHG, GenG (Genossenschaftsgesetzt)
- Handelsregister hat große Bedeutung = Liste der in Dtl am Wirtschaftsleben teilhabenden Unternehmen
  - o Bei bestimmten Unternehmensformen → HR-Eintragung verpflichtend
  - o Kostenpflichtig und von IHK überwacht
  - o Eintragung muss notariell beurkundet werden
- Wahl der Rechtsform ist Unternehmen freigestellt → für bestimmte Rechtsformen sind bestimmte Vorschriften erlassen bezüglich Gründung, Betriebszweck, Eigentumsverhältnisse (Bsp. Mindestkapital, Mindestanzahl Gesellschafter,…)

Rechtsformen privater Betriebe

Personen-unternehmen	Kapital-gesellschaften	Mischformen	Sonstige private Unternehmen
Einzel-Unternehmung	Verein	GmbH&CoKG	Genossenschaft
GbR	GmbH	KGaA	VVaG
OHG	AG	Doppel-gesellschaften	Stiftung
KG			
Stille Gesellschaft			
Partnerschafts-gesellschaft			

Anzahl Beschäftigte:	Anteil in Prozent:
Bis 19	74,5
20-99	13,6
100-249	7,5
250-499	2,5
500 und mehr	2,0

Umsatz in Euro:	Anteil in Prozent:
Unter 2 Mio.	51,7
2 – unter 10	26,8
10 – unter 25	11,1
25 – unter 50	4,2
50 – unter 100	3,9
100 und mehr	2,3

Rechtsform:	Anteil in Prozent:
GmbH	68,8
GmbH & Co. KG	23,8
Einzelunternehmen	2,6
KG	2,5
AG	2,1
Sonstige	0,2

- Kleine & mittlere Unternehmen in Industrie am häufigsten vertreten
- GmbH am meisten vertreten → aufgrund Haftungsbegrenzung

22

5.2 Die Wahl des Standortes
- Standort = Platz an dem sich betriebliche Ablauf vollzieht
- Unterschied:
  - Innerbetriebliche (Platzierung von Gebäuden, Einrichtung, Arbeitsplätzen)
  - außerbetriebliche Standortwahl
- konstitutiven Entscheidung → nur außerbetriebliche Standortwahl
  - einheitlichem Standort
  - gespaltenem Standort
    →bei größeren Betrieben / mehreren Produktionsstufen wird sitz Gesellschaft oft abweichend von Produktionsstätte & Filialen gewählt
- Wahl vor allem durch Vorteilhaftigkeit für erreichen jeweiliger Betriebsziele beeinflusst (Handelsunternehmen → Erreichbarkeit für Kunden; Industriebetriebe→ Transportinfrastruktur)

5.2.1 Standortmerkmale
- Unterschied zwischen:
  - *Wirtschaftlichen Kriterien* (Grundstückkosten, Infrastruktur, Lohnniveau, Subventionen,...)
  - *Strukturellen Merkmalen* (Nähe zum Kunden, Verfügbarkeit von Mitarbeitern, Erreichbarkeit für Mitarbeiter)
  - *Natürlichen Merkmalen* (Lage, Klima, Rohstoffvorkommen, Transportwege wie Meer/Flüsse,...)
  - *Rechtlichen Merkmalen* (steuerliche, politische, soziale)
  - *Weiche Standortfaktoren* (Schulen, Freizeitmöglichkeiten, Gastronomie, Mlet- & Immobilienpreise,..)
    → Bsp: gespaltene Zentrale = Zentrale in Berlin, da Nähe zum politischen Entscheidungsträger &Produktionsstätte im Umland, da niedrigere Löhne
- Gründe für Standortwahl: Unternehmensgründung, Erweiterung, Standortverlagerung
- Standortmerkmale schlagen sich in Kosten & Erlösunterschied nieder
  → i.d.R. suche nach Standort mit größter Differenz zwischen Erlös & Kosten
- Bestimmte Betriebe können auch an Standort gebunden sein (Bsp. Geologische Gründe)
  → sonst: *freie Standorte*
- Unterscheidung nach *geographischer Ausbreitung*:
  - *Lokaler Standort* (Orientierung an einer Stadt, Gemeinde; Bsp. Bäckerei)
  - *Regionaler Standort* (Unternehmung ist in einer kleinen Region tätig)
  - *Nationaler Standort* (Orientierung an einem bestimmten Land)
  - *Internationaler Standort* (Produktion hauptsächlich im Inland, Export in das Ausland)
  - *Multinationaler Standort* (Unternehmen agieren in verschiedenen Ländern)

5.2.2 Betrieblicher Standortfaktor
- Standortfaktoren = Tatbestände, die für die Wahl eine äußeren Standortes unter ökonomischen Gesichtspunkten maßgeblich sind
- Falsche Standortwahl belastet Betrieb permanent & langfristig
- Zu beachtende Standortfaktoren:
  - *Möglichkeit der Arbeitskräftebeschaffung*
    (genügend Arbeitskräfte vorhanden? Mit ausreichender Qualifikation? Wie hoch sind Kosten hierfür? ...)
  - *Beschaffung der Betriebsmittel*
    (Preis von Grund & Boden? Geeignetes Bauland oder Immobilien vorhanden? Genügend Ausweitungsmöglichkeiten vorhanden?)
  - *Abgabe als Standortfaktor*
    (Beachtung Steuern, Gebühren, Beiträge; Riskant Ort nur nach Steuervorteilen zu wählen, da diese sich schnell ändern können)
  - *Verkehr als Standortfaktor*

(Bsp. Anbindung an Autobahn, Zug,...)
- o *Absatz als Standortfaktor*
  (Möbelzentren können auch außerhalb liegen, da Kunden bereit sind größere Strecken zurück zu legen)
- o *Entsorgung & Umweltschutz als Standortfaktor*
  (prüfen, ob umweltauflagen erfüllt werden müssen, ob gute Entsorgungsmöglichkeiten bestehen)
- o *Möglichkeiten der Materialbeschaffung*
  (manche Güter können nicht lange Transportier werden; Lebensmittel; termingerechte Beschaffung sichergestellt? Optimale Standort, wenn Transportkosten am geringsten sind
- Ubiquität = Bsp. Überall verfügbare Produktionsfaktoren wie Luft & Wasser
  → Gewinnung ist nicht an Standort gebunden, überall möglich
- Gegenteil ist lokalisiertem Material → an bestimmten Ort gebunden :
  - o *Gewichtsverlustmaterial* (verliert Gewicht während Produktionsprozess)
  - o *Totalgewichtsverlustmaterial* (geht gewichtsmäßig nicht in Endprodukt ein; Kohle, Diesel)
  - o *Teilgewichtsverlustmaterial* (geht teilweise in Erzeugnis ein; Erze)
  - o *Reingewichtsmaterial* (geht mit vollem Gewicht in Endprodukt ein; Mineralwasser)
- Materialindex sagt, wie viel lokalisiertes Gewicht außer dem Produktgewicht bewegt werden muss

$$Materialindex = \frac{GM_L \ (Gewicht \ der \ lokalisierten \ Materialien)}{GM_F \ (Gewicht \ der \ Fertigerzeugnisse)}$$

- Gewichtsverlustmaterialien ziehen Produktionsort tendenziell an Fundort
- Ubiquität zieht Produktionsort eher zum Konsumort
- Verbesserte Transportmöglichkeiten → Einfluss des Materialindex relativiert & Bedeutung anderer Faktoren erhöht

5.2.3 Ermittlung des optimalen Standortes, Nutzwertanalyse
- Standortentscheidungen berücksichtigen verschiedene Faktoren → in Standortwahlmodellen erfasst
- Einfaches Bsp. Nutzwertanalyse (=Punktwertverfahren / Scoring-Modell)
  - o Alle relevanten Standortanforderungen nach Zielkriterien in Liste zusammenfassen
  - o Gewichtung nach Bedeutung für Unternehmen
  - o Bewertung des Standorts durch Vergabe von Punktzahl (0=Schlecht;10=hervorragend)
  - o Gesamtnutzen= Bewertung * Gewichtung

Standortanforderungen Zielkriterien:	Gewichtung: (G)	Standort A Bewertung:	Standort B Bewertung:	Standort C Bewertung:
Expansionsmöglichkeiten	0,05	9	6	10
Arbeitsmarktpotenzial	0,3	3	9	6
Zulieferungen	0,1	4	6	2
Verkehrsanbindung	0,1	9	5	3
Entsorgung	0,15	5	6	8
Absatzmarktnähe	0,2	10	4	5
Steuerbelastung	0,1	3	5	6
Gesamtwert	-	-	-	-

Bewertungsskala (B) 10= sehr gut / 6 = gut / 3= befriedigend / 0 = ungünstig

Entscheidungen so weit wie möglich quantitativen Überlegungen zugrunde gelegt

Wichtig, alle entscheidenden kosten mit ein zu beziehen

Schwierig mit Umgang von subjektiven & qualitativen Faktoren

Verfahren gut geeignet , multidimensionale Entscheidungssituationen zu objektivieren